La población de Chicago

Analizar los datos

I0644534

Anna McDougal

NIÑOS DIGITALES
Superdotados con pensamiento computacional

PowerKiDS press

Publicado en 2018 por The Rosen Publishing Group, Inc. 29 East 21st Street, New York, NY 10010

Autora: Anna McDougal
Traductor: Alberto Jiménez
Directora editorial, español: Nathalie Beullens-Maoui
Editora, español: María Cristina Brusca
Editora, inglés: Caitie McAneney
Diseño del libro: Jennifer Ryder-Talbot

Todas las ilustraciones por Contentra Technologies

Library of Congress Cataloging-in-Publication Data

Names: McDougal, Anna.
Title: La población de Chicago: Analizar los datos / Anna McDougal.
Description: New York : Rosen Classroom, 2018. | Series: Niños digitales: Superdotados con pensamiento computacional / Computación científica en el mundo real | Includes glossary and index.
Identifiers: LCCN ISBN 9781538358399 (pbk.) | ISBN 9781538329115 (library bound) | ISBN 9781538358405 (6-pack) | ISBN 9781538358412 (ebook)
Subjects: LCSH: Chicago (Ill.)--Juvenile literature.
Classification: LCC F548.33 M33 2018 | DDC 977.3'11--dc23

Créditos fotográficos: Cubierta, f11photo/Shutterstock.com; p. 4 blvdone/Shutterstock.com; p. 7 Rudy Balasko/Shutterstock.com; p. 8 John Gress Media Inc/Shutterstock.com; p. 10-11 /Wikimedia Commons; p. 14, 20 panzerart/Shutterstock.com; p. 15 Andrey Bayda/Shutterstock.com; p. 16 Burlingham/Shutterstock.com; p. 18-19 Silvio Ligutti/Shutterstock.com; p. 21 Annanass/Shutterstock.com.

Fabricado en Estados Unidos de América

Información de cumplimiento CPSIA Lote #WS18RC: Si desea más información póngase en contacto con Rosen Publishing, New York, New York, teléf. 1-800-237-9932

Contenido

Los datos de población **determinan** el número de asientos de cada estado en la Cámara de Representantes de Estados Unidos.

¿Qué es la población?

¿Qué indican los datos sobre tu ciudad o pueblo? Los datos te informan sobre la historia de un lugar, así como sobre su población y las **industrias** populares. El Gobierno recopila datos sobre las personas y los negocios de un determinado lugar. Las personas analizan o miran estos datos para saber cómo cambia el lugar con el tiempo.

Los datos de población indican la cantidad de personas que viven en un lugar determinado. Se recopilan a través de un censo: un recuento oficial de una población, que también registra datos personales de sus miembros, como **etnicidad** y edad. La Oficina del Censo de Estados Unidos realiza un gran censo cada 10 años.

Poblaciones urbanas

Según la población, los lugares se **clasifican** en urbanos o rurales. Las áreas urbanas tienen poblaciones de 50,000 o más personas. Las áreas rurales tienen poblaciones de menos de 50,000 personas. El área situada en las afueras de una ciudad se denomina *suburbana*.

¿En qué se diferencian los lugares urbanos y los rurales para sus habitantes? Los urbanos suelen tener apartamentos y edificios muy juntos, porque más personas tienen que caber en el mismo espacio. En los rurales hay espacio entre casas, ¡a veces millas! Los suburbanos están en el medio: hay muchas casas, pero acostumbran a estar separadas.

Las ciudades suelen tener edificios altos llamados *rascacielos*.

Chicago fue el hogar del anterior presidente y la primera dama, Barak y Michelle Obama.

La ciudad de Chicago

Algunas de las ciudades más grandes de Estados Unidos son Nueva York, Los Ángeles, Chicago y Houston. Tienen las mayores poblaciones. Debido a eso, hay multitud de empresas y puestos de trabajo. Las ciudades a menudo tienen poblaciones **diversas**.

Con el tiempo, la población de una ciudad cambia; a veces crece y otras disminuye. En Chicago varía sin cesar. Si consultas los datos de Chicago, comprobarás que su población cambia año tras año y década tras década. Esto te ayudará a conocer mejor los factores vinculados a la población, como el crecimiento empresarial y el coste de vida.

Historia de Chicago

Para obtener más información de Chicago, recopila hechos sobre su historia. Se fundó en la década de 1830 en el estado de Illinois, un área de Estados Unidos llamada Medio Oeste. Enseguida, Chicago creció hasta convertirse en la ciudad más grande del Medio Oeste, conocida por sus muchas industrias.

La gente comenzó a mudarse a Chicago para trabajar en sus fábricas. Los afroamericanos se

trasladaron allí en grandes cantidades después de la Primera Guerra Mundial. Al ser creadores de géneros musicales como el *blues* y el *jazz,* trajeron una nueva **cultura**. Chicago es la sede de Willis Tower, uno de los edificios más altos del hemisferio occidental. También alberga el primer rascacielos del mundo y uno de los zoológicos públicos más antiguos de Estados Unidos.

El empacado de carne fue una industria importante en los primeros años de Chicago. Este es el Union Stock Yards, un famoso distrito de envasado de productos cárnicos.

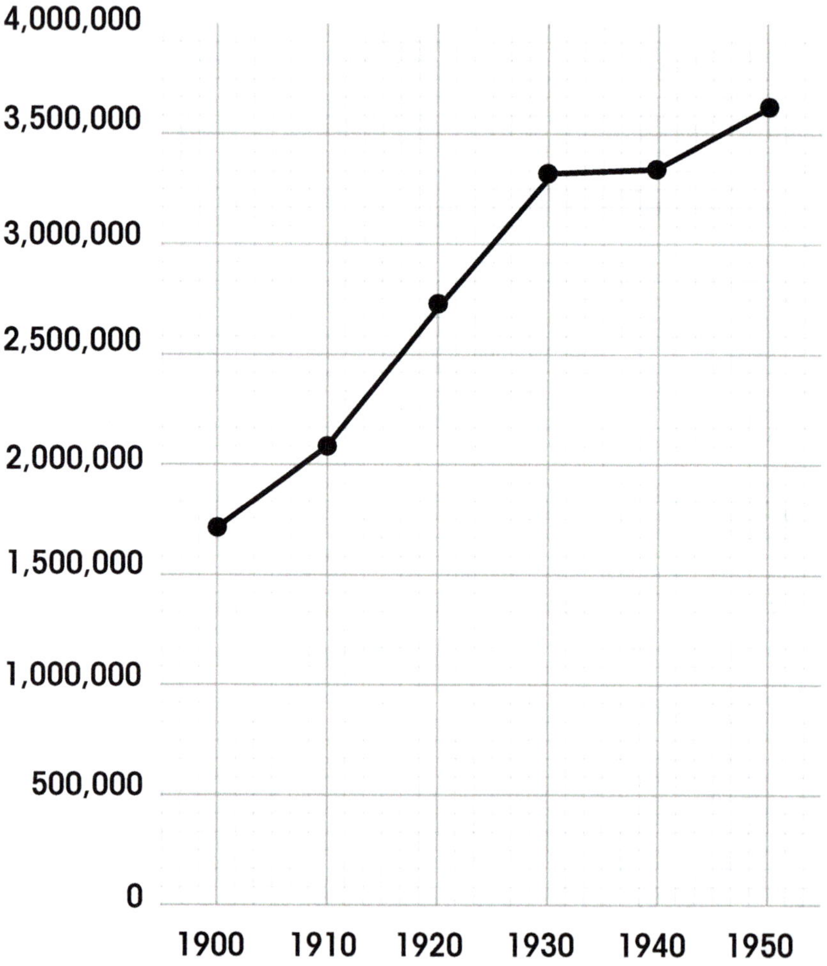

Este gráfico lineal ayuda a ver el aumento de población de Chicago desde 1900 a 1950.

Crecimiento demográfico

Al recopilar información sobre la historia de Chicago, ya sabes que la población creció rápidamente al principio. Ahora puedes ver los datos de población para verificar ese hecho. En 1900, la población era 1,698,575. Después de 10 años, en 1910, ascendía a 2,185,283. ¡Es un crecimiento importante!

En 1950, alcanzó su máximo: 3,620,962 personas. ¡Casi el doble de la población que había en 1900! ¿Qué te dice esta información? ¿Puedes sacar alguna inferencia de eso? Las inferencias son conclusiones obtenidas en función de los hechos y la razón. Mira un gráfico lineal de los datos, como el de la página 12, para visualizarlos y sacar inferencias.

Pérdida de población

En las décadas de 1950 y 1960, la población de Chicago comenzó a disminuir. ¿Cómo lo sabemos? ¡Tenemos los datos del censo para apoyar esa declaración!

La población pasó de 3,620,962 en 1950 a 3,550,404 en 1960. Aunque no parezca una gran disminución, demuestra que la población ya no crecía. Hacia 1990, había bajado a 2,783,726. Eso es mucho. ¿Qué infieres de eso? Si introdujeras esos datos en un gráfico lineal, ¿qué aspecto tendría? ¿En qué se diferenciaría del gráfico lineal del capítulo anterior?

Podrías inferir que el número de personas que se van de Chicago es superior al número de personas que se mudan allí.

Este es un barrio de un suburbio de Chicago.

Chicago hoy

¿Cómo se ve la población de Chicago hoy? La **población estimada** de 2016 fue 2,704,958. ¿Eso es más o menos que la población de 1990?

Compara los datos actuales con los del pasado: demuestran que la población de Chicago sigue en declive, disminuyendo. Los **expertos**, que hacen inferencias sobre por qué ocurre esto, descubrieron que muchas personas se mudan a los estados del sur, como Arizona, Florida y Texas, debido a que tanto el clima como las oportunidades laborales son mejores. Otra razón es el alto costo de vida en Chicago. Mucha gente se va de la ciudad, a los suburbios, en busca de seguridad y viviendas más baratas.

Hacer comparaciones

También puedes usar los datos de población para comparar múltiples ciudades. Chicago tiene la tercera población más grande de Estados Unidos. La ciudad de Nueva York tiene la más alta: una población estimada de 8,537,673 en 2016. Los Ángeles, California, tiene la segunda población estimada más grande: 3,976,322 en 2016.

Houston crece debido al menor coste de vida y a las muchas oportunidades laborales.

Chicago solía ser la segunda ciudad más poblada, pero la población de Los Ángeles **superó** a la de Chicago en 1984. Hoy, Chicago tiene otra competidora, Houston. Esta ciudad de Texas, tiene una población estimada de 2,303,482. Los expertos han descubierto que, mientras la población de Chicago decrece, la de Houston aumenta. ¿Podría Houston reemplazar a Chicago como la tercera ciudad más poblada? ¡Usa los datos para predecirlo!

Houston, Texas

Hacer predicciones

Los expertos usan los datos para hacer predicciones sobre lo que ocurrirá en el futuro. Los analizan para buscar tendencias. Si una población disminuye cada año, se puede predecir que seguirá bajando. Si crece cada año, se puede predecir que seguirá subiendo.

Cuando hacen predicciones, los expertos consideran también otros factores. ¿Hubo últimamente un incremento en la delincuencia que empujara a la gente a irse de la ciudad? ¿Se han establecido nuevas industrias que animen a la gente a venir a la ciudad?

¿Cómo será Chicago en los próximos 10 años? ¡Solo podemos predecirlo!

¿Qué dicen los datos?

La población de una ciudad es solo una parte del rompecabezas. También puedes usar los datos del censo para conocer la demografía.
La demografía estudia la edad y el origen étnico de una población. Por ejemplo, un lugar puede tener más jóvenes que otro o más residentes afroamericanos que otro. Los expertos miran los datos demográficos y cómo cambian con el tiempo para comprender mejor lo que pasa en una comunidad.

Los datos ayudan a hacer comparaciones y a hacer predicciones. ¡Puedes hacer tus propias inferencias informadas después de ver los datos!

Glosario

clasificar: Asignar algo a una categoría o clase basándose en cualidades compartidas.

cultura: Creencias y formas de vida de un grupo de personas.

determinar: Establecer algo con autoridad.

distrito: Zona con una función o un gobierno especial.

diverso: Cualidad de tener muchos tipos, formas o ideas diferentes.

etnicidad: Clasificación según los antecedentes raciales, nacionales, tribales, religiosos o culturales comunes.

experto: Alguien con gran conocimiento de un tema.

industria: Negocio que ofrece un producto o servicio en particular.

población estimada: Cálculo de la población de una zona basado en el censo decenal, al que se suman los nacimientos, se restan las defunciones y se añade el saldo de migración anual.

superar: Ser mejor, más grande o más fuerte que algo.

Índice